I0017602

Trouver

les bons mots-clés

pour la publicité

de vos livres

de

Patrick Degand

Table des matières

Avant propos

Vous avez écrit un livre. Enfin, il est terminé et vous êtes fier de votre bébé. Vous avez corrigé les fautes d'orthographe, vous l'avez lu et relu, amélioré le style. Il est passé par les bêta lecteurs. Vous avez apporté les dernières corrections.

Entre-temps, vous avez réalisé ou fait réaliser une splendide couverture.

Il vous reste à publier votre livre.

Et c'est souvent à ce moment que l'auteur tombe de son piédestal. Vous étiez habité par la fierté et l'espoir, peut-être teintés d'un peu d'inquiétude. Malgré vos tentatives de communication sur les réseaux sociaux, les commandes se font attendre ou sont sporadiques de la part de votre famille et amis proches.

Vous essayez la publicité, mais là aussi une désillusion vous attend. Les dépenses sont élevées et les commandes ne sont pas présentes au rendez-vous. Vous augmentez les enchères sur Amazon Advertising et vous êtes dans le rouge. Vos dépenses excèdent les marges dégagées par les ventes générées par la campagne publicitaire.

Et pourtant la publicité Amazon Advertising est un atout indispensable pour faire connaître son produit. Dans mon cas, la publicité pour les livres que je pratique depuis plus deux ans est devenu un adjuvant indispensable. Les livres vendus grâce à la publicité représentent 50 % de mes ventes. En d'autres mots, la publicité a doublé mes ventes et je ne pourrais plus m'en passer.

Vous êtes désespéré. Qu'avez-vous raté ? Où vous êtes vous fourvoyé ?

En fait, si vous avez franchi toutes les étapes décrites ci-dessus, vous avez presque réalisé le parcours sans faute, sauf que vous avez sans doute raté une étape importante, celle de la sélection des bons mots-clés.

Cette étape est essentielle et dans ce livre je vais vous donner les moyens d'acquérir les bons mots-clés, ceux qui permettent aux publicités Amazon Advertising d'être performantes et de générer des commandes avec un taux de retour sur investissement publicitaire positif.

Prêt pour cet exercice, alors suivez-moi et vous aussi, faites connaître votre livre pour qu'il sorte de l'anonymat et génère des ventes.

L'importance des mots-clés

Les mots-clés dans la publicité Amazon Advertising sont les expressions et séries de mots que vous renseignez dans le ciblage de votre campagne publicitaire.

Chaque fois qu'un internaute va renseigner une recherche qui correspond plus ou moins à vos mots-clés ou à une expression proche de ceux-ci. Amazon va déterminer si votre produit correspond à la recherche de l'internaute. Si d'autres vendeurs ont des mots-clés correspondants, Amazon propose le produit avec la meilleure enchère et le produit apparaît sur l'écran de recherche de l'internaute. Ce n'est que si celui-ci clique sur votre produit et atterrit ainsi sur votre page de vente que la publicité devient payante.

Pour que ce processus soit efficace et aboutisse à une vente, il faut que plusieurs conditions soient remplies :

- un excellent produit,

- une page de vente qui fait vendre,

- une image de couverture attirante,

- une enchère bien calibrée,

- un prix de vente en rapport avec le genre et le nombre de pages du livre,

- idéalement des évaluations positives

- et surtout des mots-clés efficaces pour que vous gagnez la compétition avec les autres annonceurs.

La suite de ce livre va vous expliquer comment trouver des mots-clés efficaces en rapport avec le produit que vous vendez **et** avec les recherches des internautes. Le **ET** est essentiel dans le cadre de la sélection des mots-clés.

Il est important de comprendre que ces deux conditions doivent être remplies. Si le mot-clé n'est pas en rapport avec votre produit, il créera de la déception et des dépenses inutiles. Inversement, si vos mots-clés ne correspondent pas aux recherches, vous n'entrerez pas en compétition pour afficher votre produit et les ventes ne seront pas au rendez-vous.

Même si la recherche de mots-clés se base sur l'intuition, il est nécessaire d'avoir une méthode pour trouver les mots-clés qui sont efficaces c'est-à-dire qui vont générer un trafic vers vos pages de ventes et être transformés en commandes.

Comment trouver des mots-clés

La recherche des mots-clés ne s'improvise pas.

Trop souvent, la personne qui démarre une campagne publicitaire réfléchit aux mots-clés quand il est devant l'écran qui demande de les renseigner. Ce n'est évidemment pas la bonne méthode pour avoir des mots-clés performants.

Le processus de recherche doit se dérouler sur plusieurs jours. Dans les pages qui suivent, je vais vous indiquer une méthode à suivre. Ce n'est probablement pas la seule qui fonctionne, mais si vous la suivez, vous serez assuré d'avoir un grand nombre de mots-clés.

Pour mémoire, vous pouvez renseigner jusqu'à 1000 mots-clés dans une campagne publicitaire. Pour approcher ce nombre vous comprenez que ce n'est pas en cinq minutes, ni même en une heure que vous y arriverez.

Arriver à 1000 mots-clés n'est pas un but, mais un grand nombre de bons mots pour le ciblage va améliorer les résultats de votre campagne de pub.

Les façons de rechercher les mots-clés sont les suivantes :

➢ le brain storming que vous pratiquez seul ou avec d'autres personnes qui ont lu votre livre,

➢ à l'aide de la barre de recherche d'Amazon,

➢ en lisant les descriptions de produits similaires à succès,

➢ en examinant les évaluations de produits similaires,

➢ en lisant attentivement les descriptions de produits qui se vendent en même temps que votre produit,

➢ en utilisant des programmes de recherches de mots-clés,

➢ en examinant régulièrement les termes de recherche (liste des mots utilisés par les internautes qui se rapprochent de vos propres mots-clés) de vos propres campagnes publicitaires,

➢ en utilisant des mots-clés négatifs.

Le brain storming

Une fois votre livre terminé, indiquez sur un morceau de papier les thèmes, genres et sujets liés à votre livre.

L'approche est différente selon qu'il s'agit d'un livre de fiction ou d'un guide sur un thème particulier.

Pour un livre de non fiction, cet exercice est assez naturel. Utilisez les mots en rapport avec le sujet, les objectifs poursuivis les solutions apportées et les méthodes utilisées. J'insiste sur les solutions apportées, car souvent l'internaute dans sa recherche va indiquer le souhait qu'il compte retirer de votre livre.

Dans le cas d'un roman, il faut prendre les thèmes principaux de votre récit (vengeance, passage à l'âge adulte, saga familiale, disparition…), mais aussi indiquer le genre (policier, enquête, romance, érotisme, science-fiction, espionnage aventure, livre jeunesse …).

Pensez aussi aux mots qui décrivent le cadre (historique ou géographique).

Ensuite, ouvrez un fichier Excel et rassemblez un maximum de mots-clés relatifs aux différents thèmes et genres que vous avez rassemblés dans la première étape.

Listez vos mots-clés en colonne cela favorisera leur intégration ultérieure dans la page de ciblage de Amazon Advertising.

Les mots-clés peuvent être un simple mot ou une combinaison de mots. La combinaison de mots est généralement efficace pour rencontrer la recherche du candidat acheteur.

Ne soyez pas restrictif dans la sélection de mots ou de combinaison, car si un mot se révèle peu approprié par la suite, il y aura toujours moyen de le supprimer après le lancement de la campagne.

Il est important aussi de réfléchir comme une personne qui recherche un livre. Vous en tant qu'auteur vous voulez décrire le livre. Probablement, avez-vous tendance à l'idéaliser. Vous allez retenir des mots-clés qui vous flattent.

Il est préférable de choisir les mots-clés comme un internaute qui cherche un livre répondant à son attente. Vous devez donc vous mettre à la place du lecteur et réfléchir en tant que personne qui cherche une solution à un problème ou un bon roman à lire.

Mettez donc en avant les apports de votre livre pour un ouvrage de non-fiction et le genre, l'époque ou le lieu pour un roman.

Les combinaisons de mots sont importantes, car si vous trouvez une combinaison souvent utilisée par les internautes lors de leurs recherches et peu choisie par les autres compétiteurs, vous avez un avantage sur ces derniers. C'est ce que l'on appelle les mots de longue traîne ou « long trail » en anglais.

J'ai souvent lu qu'il ne faut pas reprendre le mot livre dans les mots-clés, ni les mots qui sont dans le titre. C'est absolument faux. J'ai plusieurs campagnes en cours et « livre » ainsi que les mots du titre sont très souvent utilisés par les internautes pour leurs recherches. Ce sont des combinaisons de mots qui génèrent beaucoup de commandes. Donc ne vous en privez pas.

N'accordez pas trop d'importance à l'ordre des mots, ni aux pluriels, ni aux articles. Les mots-clés choisis seront introduit dans le ciblage de la campagne avec le type de correspondance large. Dans ce cas, la correspondance peut se faire avec une partie des mots-clés, dans l'ordre ou le désordre.

Utiliser Amazon à votre profit

On ne s'en rend pas toujours compte mais vous pouvez utiliser Amazon pour vous aider à trouver des mots-clés.

Quand vous tapez un mot dans la barre de recherche d'Amazon, une série de propositions est faite par le moteur de recherche pour vous aider à déterminer l'objet de votre requête. Examinez ces propositions et notez les expressions qui correspondent au produit que vous vendez. Vous avez ainsi trouvé de nouveau mots-clés et qui seront souvent utilisés par les internautes pour leurs recherches.

Essayez de taper « Cuisine » dans la barre de recherche vous obtenez :

cuisine **indienne**

cuisine **sous vide**
cuisine **livre**
cuisine **du monde**
cuisine **végétarienne**
cuisine **française**
cuisine **coréenne**
cuisine **japonaise**
cuisine **végan**

Tapez maintenant « Cuisine b » et vous obtenez le résultat suivant :

cuisine b**elge**
cuisine b**retonne**
cuisine Bali
cuisine b**ébé**
cuisine brésilienne
cuisine b**asse température**
cuisine b**asque**
cuisine b**istrot**
cuisine b**ras**
toute la cuisine de Paul Bocuse

Et vous pouvez recommencer avec toutes les lettres de l'alphabet derrière le mot cuisine. Vous ne sélectionnerez bien entendu pas toutes les propositions, mais beaucoup peuvent constituer des mots-clés intéressants. Servez-vous ! C'est gratuit.

Vous pouvez aussi faire le même type de requête dans Google qui vous suggère des propositions. Il vous reste à puiser les mots-clés qui vous semblent pertinents par rapport aux produits que vous promotionnez.

Produits fréquemment achetés ensemble

Voici une autre source de mots-clés gratuits que vous offre Amazon.

Cette rubrique apparaît sur votre page de vente juste en dessous de la description du livre broché. Elle reprend les photos d'autres produits.

Produits fréquemment achetés ensemble

Prix total: 30,05 €

Ajouter ces trois articles au panier

☑ **Cet article :** L'intelligence émotionnelle I, II par Daniel Goleman Broché 14,90 €

☑ Influence et manipulation par Robert B. Cialdini Broché 7,95 €

☑ Comment se faire des amis par Dale Carnegie Poche 7,20 €

Produits liés à cet article

Sponsorisé ⓘ

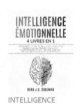

INTELLIGENCE   Intelligence   Communication couple: L'Intelligence

Le nom de ces produits ainsi que le nom des auteurs dans le cas de livres forment des mots-clés intéressants à mentionner dans votre campagne publicitaire. J'ai l'habitude aussi d'aller sur la page de vente de ces produits et de chercher dans les descriptions d'autres mots-clés liés à ces articles et qui sont susceptibles d'être en lien avec les produits que je vends.

Vous pouvez aussi faire le même exercice avec les produits liés à cet article, mais en étant plus sélectif quant à la pertinence de retenir l'article. Une question de bon sens.

Les publicités automatiques

Quand vous débutez une nouvelle campagne publicitaire, je vous conseille de lancer deux campagnes : une avec des mots-clés et une deuxième en automatique.

Si vous n'êtes pas familier avec les campagnes publicitaires, je vous conseille le livre « Amazon Advertising : comment booster vos ventes de livre » dont vous trouverez la référence à la fin de ce livre.

La campagne en automatique va cibler quatre types de produits :

> ➤ les substituts : vos produits seront proposés aux acheteurs de produits similaires aux vôtres

- ➤ les correspondances étroites : vos produits sont proposés aux acheteurs de produits étroitement liés aux vôtres

- ➤ Correspondance lâche : produits vaguement liés aux vôtres

- ➤ Compléments : produits qui sont complémentaires aux vôtres

Choisissez des enchères plus élevées pour les deux premières catégories que pour les deux dernières. Si Amazon vous suggère une fourchette d'enchère, prenez l'enchère dans le bas de la fourchette.

Ces campagnes automatiques peuvent devenir assez chères à la longue. Par contre, elles vont vous fournir des mots-clés que vous retrouvez dans les termes de recherche. Recopiez ces mots-clés dans votre campagne par mot-clé qui va ainsi s'enrichir de nouveaux termes de ciblage.

Quand vous estimez que vous ne récupérez plus de nouveaux mots-clés intéressants, c'est à dire après un ou deux mois, vous arrêtez la campagne automatique ou vous réduisez les enchères.

Les termes de recherche

Nous venons d'aborder les termes de recherche.

Dans le suivi de la campagne, vous avez le choix entre le ciblage (les mots-clés déjà renseignés), le ciblage négatif (nous y reviendrons) et les termes de recherche. Quand vous cliquez sur « termes de recherche », vous arrivez sur les recherches des internautes qui ressemblent à vos mots-clés.

Vous voyez par exemple dans l'image précédente que l'internaute a saisi « livre apiculture débutant » et que la requête a abouti grâce au mot-clé « Livre apiculture ». Vous pouvez ajouter le mot-clé « Livre apiculture débutant » en cliquant sur « Add as ». Dans le tableau qui apparaît, vous déterminez le type de correspondance (choisissez large) et le niveau d'enchère. Si ce mot clé est déjà actif, Amazon Advertising vous le signalera et vous éviterez ainsi les doublons.

Si la différence entre le terme de recherche et le mot-clé existant est minime (par exemple un pluriel , un article ajouté ou un accent), ne sélectionnez pas le nouveau terme de recherche. Vous alourdiriez inutilement votre liste de mots-clés.

En examinant régulièrement les termes de recherche de votre campagne par mots-clés, vous ajouterez ainsi de nouveaux mots-clés qui sont pertinents pour votre campagne.

Les mots-clés dans les évaluations produits

Savez-vous que vous pouvez aussi trouver des mots-clés dans les évaluations de produits similaires aux vôtres et qui sont dans le haut du classement des ventes.

Imaginons que nous souhaitons faire une campagne publicitaire pour un livre sur l'intelligence émotionnelle. J'ai sélectionné deux livres sur l'intelligence émotionnelle qui font partie des meilleures ventes sur le sujet.

Comme ils ont beaucoup d'évaluations, Amazon regroupent celles-ci par sujet que vous trouverez dans les images à la page suivante.

Lire des commentaires qui mentionnent

intelligence émotionnelle	très bon	premières pages	plus grand
gérer ses émotions	livre très	très intéressant	bon livre
très complet	très enrichissant	livre est complet	comprendre

Lire des commentaires qui mentionnent

intelligence émotionnelle	surmonter le stress	très intéressant	livre très
traduction	émotions	comprendre	aimé	anxiété	décevant
fautes	informations	moyen	tellement

De la première liste de commentaires nous pouvons prendre le mot-clé « gérer ses émotions ». Dans la seconde, « surmonter le stress » est aussi un mot-clé intéressant.

On en profite aussi pour ajouter « gérer le stress ».

L'intelligence artificielle

J'ai découvert récemment que l'intelligence artificielle (IA par la suite) peut être d'une grande aide pour générer des mots clés pour la publicité sur internet.

Commencez par faire un résumé de votre livre, de son contenu, du thème, de ce qu'il peut apporter au lecteur ...

Ensuite, vous allez dans un programme d'IA, ChatGPT par exemple qui est le plus connu et le plus utilisé.

Vous devez alimenter le programme avec une question : c'est l'invite ou le prompt pour utiliser le terme anglais. Vous lui donnez par exemple :

« Peux tu me suggérer des mots clés pour une publicité pour le livre suivant. Ajoutez le titre et le résumé préparé auparavant ».

ChatGPT vous génère toutes une série de mots clés. A vous de voir s'il sont pertinents. Probablement que vous devrez retravailler la liste et que cela vous en suggérera d'autres.

Faites ensuite une deuxième demande :

« Peux-tu me donner des mots clés de longue traîne pour le même livre ».

A nouveau, vous recevrez une liste que vous pouvez adapter.

L'IA peut s'avérer très utile pour les auteurs. Je vous suggère d'aller voir le livre sur le sujet :

L'IA au Service des Auteurs qui vous sera d'une grande aide pour augmenter votre productivité dans l'écriture. Voici son ASIN   B0DFX5YJ2Z dans Amazon.

Les fautes d'orthographe et de frappe

Quand on saisit les mots d'une recherche sur Amazon, il arrive que des fautes de frappe se produisent.

Certains annonceurs publicitaires essaient de tirer avantage de ces erreurs en créant une campagne avec des mots-clés mal orthographiés.

L'idée est de pouvoir ainsi récupérer des recherches peu concurrentielles car sur base d'un mot erroné. Ces recherches peu concurrentielles nécessiteront évidement un niveau d'enchère plus bas.

Le mot livre pourrait donner : mivre,kivre,lovre,luvre, libre,licre, …

Il existe d'ailleurs des programmes générateur de fautes de frappe. Tapez « Programme fautes de frappe » dans Google pour les trouver.

Cela peut avoir du sens mais personnellement, je ne crée pas une campagne avec les mots-clés avec faute de frappe et ceci pour deux raisons.

D'abord, cela prend un temps fou à rechercher les mots avec faute de frappe. Ensuite, quand vous utilisez la correspondance large pour vos mots-clés, une faute de frappe ou d'orthographe sera récupérée automatiquement.

Malgré tout si dans les termes de recherche, vous trouvez un mot-clé mal orthographié qui revient avec une certaine fréquence, rien ne vous empêche de l'ajouter comme mot-clé avec une enchère un peu plus basse.

Les mots-clés négatifs

Pour en finir avec la rubrique des termes de recherche, examinons maintenant les mots-clés négatifs.

Imaginons que vous avez une campagne sur un livre sur le cheval et l'équitation et que vous constatez que des recherches relatives à « livre coloriage cheval » sont mentionnées dans les termes de recherche en regard de votre mot-clé « livre cheval ».

Cela vous occasionne des frais de publicité inutiles, car vos livres ne sont bien entendu pas des livres de coloriage.

Vous avez la possibilité dans les termes de recherche en cliquant sur « Add as » en regard de

« livre coloriage cheval » de sélectionner « ajouter comme expression négative » et ce type de recherche ne sera plus pris en compte à l'avenir. Vous économiserez ainsi les coûts des clics sur votre livre.

Si vous imaginez d'autres recherches que vous souhaitez éliminer (par exemple « coloriage cheval »), vous pouvez les ajouter dans la rubrique ciblage négatif qui apparaît à gauche de l'écran.

Les programmes de recherche de mots-clés

De plus en plus de programmes de recherche de mots-clés fleurissent sur le net. En voici quelques uns parmi les plus connus.

KDspy

KDspy est un programme qui vous permet d'analyser les livres qui sont vendus sur Amazon. Il vous permet de trouver vos concurrents, de connaître le niveau de leurs ventes, de trouver des mots-clés efficaces.

Ce programme est utile pour identifier des niches rentables ainsi que des catégories peu utilisées c'est-à-dire celles où vos livres ont les meilleures chances d'être performants.

Ce programme est payant (coût d'environ 60$) mais peut vous faire gagner beaucoup de temps. Le programme peut être utilisé sur deux ordinateurs.

Helium 10

Helium 10 : ce programme est assez performant mais relativement cher : 37$ par mois. Il peut être utilisé gratuitement, mais est plus limité et ne permet que deux recherches gratuites par jour.

Amazon BSR & Keyword research tool

Ce programme gratuit est un add-on à ajouter à votre navigateur. Quand vous tapez une recherche dans Amazon, il vous donne une appréciation de la qualité du mot-clé utilisé.

Huge Amazon Search Suggestion

Cet add-on est aussi gratuit. Chaque fois que vous tapez une recherche dans Amazon, il vous suggère une liste de mots-clés relatifs à la recherche que vous effectuez.

Je trouve ce programme plus intuitif que le précédent.

Je vous le conseille vivement. Il vous fournira de bons mots-clés.

Remarque : Quand vous n'avez pas besoin du programme, vous pouvez le désactiver en allant dans les paramètres des add-on et en désactivant tous les sites Amazon.

Comment insérer les mots clés dans Amazon Advertising

Au chapitre sur la détermination des mots-clés, je vous ai recommandé de constituer un fichier avec les mots-clés.

Pour les intégrer dans le ciblage de la campagne, vous pouvez les saisir manuellement, mais ce serait un travail fastidieux et avec un risque de fautes de frappe.

Le plus simple est de les saisir dans un fichier Excel, de vérifier leur orthographe.

Ensuite vous allez dans la page du ciblage et cliquez sur « Ajouter des mots-clés ».

Cliquez sur « Entrez la liste » et là vous faites un copier / coller de vos mots clés.

Il vous reste à choisir la correspondance large et d'indiquer votre niveau d'enchère. Ensuite cliquer sur « Ajouter des mots-clés » et « Sauvegarder ».

Le processus est très simple et vous pouvez le recommencer chaque fois que vous pensez à de nouveaux mots-clés.

Améliorer les campagnes publicitaires

Voici quelques astuces qui vous permettront d'améliorer la performance de vos campagnes publicitaires.

- ➢ Donnez du temps à vos campagnes. Au minimum un mois est nécessaire.

- ➢ Suivez régulièrement vos campagnes pour affiner les réglages.

- ➢ Peu d'impressions indique un niveau d'enchère trop bas.

- ➢ Beaucoup d'impressions et peu de clics, indiquent une couverture peu attrayante. Envisagez de la remplacer.

➢ Beaucoup de clics et pas de commandes est le signe d'une page de vente qui n'incite pas à la vente. Inspirez-vous sans copier des pages de ventes de livres performants.

➢ Augmentez les enchères des mots-clés qui génèrent des ventes en gardant un coût par commande raisonnable.

➢ Baissez les enchères des mots-clés qui génèrent des dépenses mais pas de commandes.

➢ Ne faites pas trop de changements en une fois dans vos campagnes publicitaires. Vous ne saurez pas les modifications qui sont efficaces.

➢ Notez les changements que vous effectuez et tentez d'en mesurer l'efficacité.

➢ Utilisez des mots négatifs pour réduire les enchères qui ne correspondent pas à vos produits.

➢ En période de grosses ventes (Black Friday, avant les vacances, période de fin d'année), augmentez le niveau d'enchère, car la concurrence est plus intense. Abaissez les enchères une fois la période terminée.

- Si vous avez une série de livres (plusieurs tomes), ne faites de la publicité que pour le premier livre.

- Retenez que la publicité est plus efficace quand vous avez écrit plusieurs livres. Cela vous donne de la crédibilité auprès des lecteurs.

- A la fin de votre livre, laissez une mention encourageant le lecteur à laisser une évaluation s'il a apprécié le livre.

Notes

Notes

Autres livres de Patrick Olivier

Publier un livre sur KDP Amazon

Maîtriser Amazon Advertising Comment booster vos ventes

L'IA au service des Auteurs

57

Si ce livre vous a plu, pensez à laisser une appréciation sur le site d'Amazon.

Le plus grand soin a été apporté à ce livre. Si vous constatez des erreurs ou des améliorations à y apporter, n'hésitez pas à contacter l'auteur à l'adresse apilou20@gmail.com.

Tous droits de reproduction par quelque moyen que ce soit réservés et ceci pour tous les pays.

ISBN 9798366368629